जमीन पर तारे

BOOKS CLINIC

India's Fastest Growing Self Publishing House

Booksclinic Publishing

------------------------------Contact Us At------------------------------

Call or Whatapp @ 8965949968 or Mail @ publish@booksclinic.com

Website: - **www.booksclinic.com**

B.D. Complex, Near Tifra Over Bridge, Bilaspur, Chhattisgarh, India, 495001

Publisher: Booksclinic Publishing
Edition: First
ISBN: 978-93-90871-63-6

Genre: Poetry

जमीं पर तारे

लालू प्रसाद बैरवा

ज्ञान दर्पण

क्र.	कविताएं	पृष्ठ

सफर

लालू प्रसाद (करौली)

ज्ञान दर्पण

भाग 1

देश का गौरव

आज चमन हिल रहा है,
धरती का स्वर्ग बढ़ रहा है,
कश्मीर को देखकर दुश्मन जल रहा है।

कल - कल झरनो में बहते यहाँ,
तिमिर - गगन मे वो धारा थी।
मधुर कूक सुनाती कोयल,
उससे बनी वो झंकृत माला थी।
धरती के स्वर्ग को लेने की,
पाक ने आज ठानी थी।
एक ओर भारत में आयी,
फिर से नयी जवानी थी।
कश्मीर को नही गवाने की,
सबने मन मे ठानी थी।

पुष्प - लता सुंदर बेला पर,
लदे फल - फूलों की ये कहानी थी।
कश्मीर को नही गवाने की सबने.......

अमर -ज्वाला, उँची - चोटी
सिंदूर - मट , सुदूर - तिमिर
धन - धान्य युक्त, फल - फूलों की वो बागानी थी।
अविरल बहती नदियों मे निनाद आज सुनाती थी।।
इस दुश्मन की आँखों से इसकी लाज बचानी थी।।।
कश्मीर को नही गवाने की सबने.......
इस देश के स्वर्ग को बचाने की ये अमर कहानी थी।
कश्मीर को नही गवाने की सबने मन में ठानी थी।।

नीति का राग

नीति का राग
घर कर बैठा है अब पंक्षी
वह चुन- चुन कर अब तुझे खायेगा
दाना पानी के ऊपर वह तुझ पर रौब जामायेगा

देख रहा है ना, वो सितारा
जब टूट जमी़ पर आयेगा।
वह चुन- चुन अब तुझे खायेगा।।
तिमिर -गगन मे उडता पंक्षी,
उस ऊँचाई को तुझे बतलायेगा ।
उस रहस्य का दावा करके,
चाँद तुझे बनायेगा।।।

देख रहा है ना, ये संसार
मोह- माया मे तुझे फँसायेगा।
मोह- माया के चक्कर मे,
वह चुन- चुन कर अब तुझे खायेगा।।

देख रहा है ना, वो मंजिल
जँहा से चाँद बनकर तू आयेगा।
संसारी तानो से बचकर,
तेरा जीवन सफल हो जायेगा।
कुंठा विष की धार बनाकर ,
विष घोल तुझे दे जायेगा।
अपना सिद्ध सहारा पाकर,

वह चुन- चुन कर अब तुझे खायेगा।।

देख रहा है ना, झरता -झरना
नीर नदी अब बनायेगा।
कल -कल किल्लोरे करके,
सागर को पार कर आयेगा ।
लय -बद्ध लिया पानी का,
गंगाजल अब बन जायेगा ।
पखार पखार कर ना जाने,
कितनो को शुद्ध करायेगा।
प्रकृति के तानो से बचकर,
वह शुद्ध जल अब बन जायेगा।।ॐ।।

चुनचुनी चिरैया *

देख चिरन दुःख दरिया आया
ना कोई दाना ना पानी लाया
तिन - तिन तिरका, सूखी घास
पेड़ पर बसेरा अपना बनाया।
भूखे बच्चे, रूखे ख्याल
सजाने लगी अपना घरवार!
खुशी खुशी में निकल रहे दिनवार,
सजते रहे सपने हर बार ,

देख बसेरा शिकारी आया ....
तीर चढ़ाई लगा दिया महल पर निशान!
टूटी डाली गिरा बसेरा,
रो विलख पडी चुनचुनी की बेला ,
सपने संजोये रातो में, खेल रहे अब जज्बातो में
काया छोटी दुःख बड़े अपार,
धीर धरे ले चली घरवार ,
देख चिरन ओ चिरैया चली ....
ले चली अपना संसार,
विलख - विलख के रोने लगी!
देख घोसले की बयार ,
अंतिम क्षण में कहे चली ....
देख रास ना राज बसे, मेहनत से घरवार बने!
दुःख दरिया में संसार बसे, सुख ढूढन में संसार फिरे!!
संसार विपदाओ का सागर है!!!

नीड़ का निर्माण

मैं नीड़ का निर्माण करुँ !
ऐसा में प्रयास करुँ।
रहने को मन में वास करुँ।।
तिर - तिर रूखी विरल शाखाएँ ,
सजो रहे वो मन की आशाएँ,
ऐसा में प्रकृति से प्यार करुँ।
मैं नीड़ का निर्माण करुँ !!
मैं पंक्षी नहीं राजघराने का ,
छोटा - सा एक प्रयास करुँ।
तिनका - तिनका,जोड - तोडकर
मन के भाव , लकड़ी के दाम
अन्दर साँसे गिनू हजार
रूखी दरायें, सोते पलको पर
ओस की बूंद पड़ने का इंतजार करुँ।।
छोटा कोना हो, राज का ना रोना हो
ऐसे सुख लिए प्रणयन करुँ।
लघु हीए में ले इतना राज फिरु,
मैं नीड़ का निर्माण करुँ !!

नारी शक्ति

नारी शक्ति है, सम्मान है
नारी गौरव है, अभिमान है
नारी ने ही ये रचा विधान है।
हमारा नतमस्तक इसको प्रणाम है ॥
नारी शक्ति .!!!

ये लक्ष्मी, ये ही सरस्वती
यही दुर्गा का अवतार है।
ये अनुसूया, यही सावित्री
यही काली रूप का वैभव है ॥
नारी शक्ति ..!!!

लक्ष्मीबाई जैसा साहस इसमें
मीराबाई जैसा प्रेम है ।
पद्मावती जैसा जोहर इसमें
दुर्गावती जैसा पराक्रम है ॥
नारी शक्ति ...!!!

कदम से कदम मिलाकर चलना
सैन्य, पराक्रम में पीछे न हटना।
बुलंद हौसलो का परिचय देकर,
अरुणिमा, निरजा का हो रहा गान है।।
नारी शक्ति .!!!
यही इंदिरा, यही सरोजनी
यही टैरेसा जैसी नारी है।

बेदी जैसी कड़क , सुष्मिता जैसी प्यारी है ।।
नारी शक्ति .!!!
सुर सरगम का सार लता का
सुन्दरता में ऐश्वर्या है ।
छुआ आसमान को ऐसी आयशा
खेल के मैदान में मिताली है।।
नारी शक्ति..!!!

यही पालनहार हमारी
यही हमारी जननी है।
इसका कदम है विकास के पथ में
यही हमारी धन की देवी है ।।
नारी शक्ति .!!!

विस्वस्वरूपा जगजनकनी
यही भार्या, यही हमारी अर्द्धांगिनी
इसके चरणों की रज को
मस्तक पे हमने लगाया है ।
नारी के सम्मान के खातिर
एक कदम हमने बढ़ाया है ।।
नारी शक्ति है.. !!!
शिक्षित नारी. !!
जागृत शक्ति... !!

नारी

नारी हू! दब जाती हूँ ....
संस्कारो को अपनाती हूँ ,
सबकी सुनकर चुप रह जाती हूँ।
क्योंकि मैं भी एक घर चलाती हूँ ।।

नारी हू! रो देती हूँ ....
सारे ग़म अन्दर ही सह लेती हूँ ,
सब कुछ जानकर भी अंजान बन जाती हूँ।
क्योंकि मैं भी एक घर चलाती हूँ।।

नारी हू! समझ जाती हूँ ....
लाज - पर्दे को मैं निभाती हूँ ,
संस्कारो मैं दब जाती हूँ।
क्योंकि मैं भी एक घर चलाती हूँ।।

नारी हू! अवतारी हूँ ....
अबला नही सबला हूँ ,
संस्कारो में सरस्वती, इंदू ,कमला हूँ !
फिर भी दब जाती हूँ।
क्योंकि मैं भी एक घर चलाती हूँ।।

नन्हीं परी

विलख रही थी काया, मौन बनी रही माया ..
बह रहे थे आँसू ,पल रही थी अश्रुओ की काया ...
पाकर सबकी उम्मीदो का प्यार, अब नन्हीं परी बन आया।
प्रफुल्लित थे सबके चेहरे, वह खुशी - खुशी मे खेली थी॥
चंचल थी, अठखेली थी, थोड़ी वह शर्मीली थी ..
नन्हीं परी अब फल - फूलकर, आँगन मे खुशियाँ लाई है ...
किलकारी किल्लोर मचाकर, आँगन को मधुवन करती है।
भेदभाव सब भूल - भुलाकर, आँख मिचौनी खेलती थी ॥
कुटिया में वो पली बड़ी,वह बिटियाँ बनकर उभरी थी ..
नन्हीं - सी वह पलक झपककर, सबको दंग कर देती थी ...
हो गई अब श्यानी तो, माँ का भार संभालती थी।
हाथ बटाना,बात बटाना, माँ के भाव समझती थी ॥
पढ़ लिखकर अब बड़ी हुई, चिंता अब माँ को लगती थी ..
सात बंधनो मे बंधकर अब, दो कुलो की लाज वह बन गई...
खूब लडते - झगड़ते थे, खूब हुई थी माथापच्ची।
विदाई के समय वह भाई, उसी प्यार में रोया था ॥
चल उठी वो बाघियां,सैचल सुसराल सजाने को ..
उम्मीदों को सजग कराने, नारी का फर्ज निभाने को ...
परी बनी पर मौन रही, घर एक नया बसाने को।
मिट्टी जोड सजाने को, नारी का फर्ज निभाने को ॥

गंगा

मिट्टी तेरी धारा में...
मैं मुख मलिन हुआ करती हूं;
धारा बनते गंगा में
हर्षित मगन हुआ करती हूं|
खुद को बेशक सहारा पाकर के;
उस तार को तरिन हुआ करती हूं!
कण-कण को मैं बना जल;
सुधा से नयन को मलती हूं;
मिट्टी तेरी धारा में...
मैं मुख मलिन हुआ करती हूं ;
सहर्ष हुआ वह हर्षित सुबह
बेसुध पड़ी उस काया को
नीर पखारे करती हूं;
हर सुबह -सुबह को जब मैं
सुख संताप में बदलती हूं;
रूठी काया को मोहकर में
हर्षित मगन हुआ करती हूं|

मिट्टी तेरी धारा में...
मैं मुख मलिन हुआ करती हूं;
"प्रेम नजारे देख सहारे"
धरती पर वो सारे चांद सितारे;
जिनको अब मैं तरा करती हू|
बेसखा के सहारे

पाप को पुण्य में जो नवारे;
वो धारा बना मैं करती हूं|
मिट्टी तेरी धारा में...
मैं मुख मलिन हुआ करती हूं||¥||

भोर के समय

आप कभी शांत मन और स्वभाव से अपने आस-पास की प्रकृति को
निहारना
पक्षियों की चहचहाहट को सुनना
सूर्योदय के समय उसकी किरणो का दीदार करना
सूर्य को अघर्य देकर सूर्य जाप करना
ओस की बूँद से अठखेली करना
पुष्प सौन्दर्य को चहुँ ओर बिखेरना
बहते जल की ध्वनि का ध्यान करना
मौन धारण करके
इन सबको हृदय पटल पर अंकित करना !

ये सब करने से आपको मालूम होगा कि हमसे भी बाहर कोई दुनिया है और हम भी उसी दुनिया से है ।सम्पूर्ण प्रकृति इन सबकी शान है ,वो ही परमेश्वर का वास है ।
हमारे जन्म से लेकर मृत्यु तक के कार-अविकार, अच्छाई , बुराई , भलाई, परोपकार, दोष, कारण, परिणाम ,निष्कर्ष सब इसी सृष्टि में निहित है!!

गंगा दर्शन

तेरी खुशबू पाकर के में आगे बढ़ता गया,
गंगा में ले तेरी सुगंध मैं रमता गया।
हर्षित तेरी वाणी का, जाप मैं करता गया ॥
ले मगरा में छईयां तेरी,
रस में घोल अमृत, हर गंगे राधे करता रहा;
जैसे किया हो स्सन मग्न ,
घाट की तराई में, थोड़ा तृप्त मन से तरता गया।
तेरी खुशबू पाकर के में आगे बढ़ता गया ॥

जमघट - सी भीड़ लगी है यारो
माँ के घाट के चरणों में,
"हर की पौडी " "धर्म की नगरी", अर्पण-तर्पण की बस्ती में
प्रयागराज की रजो भूमि, ऋषियो की तपोभूमि में।
गर्भित होकर बह रही, गंगा की धारा अपनी मस्ती में
ले थोड़ा अमृत बांध चले , मंसा मन की गठरी में !
पर फिर भी मन मेरा कहता है .
ले वामन घाट सदा चलू , कुंभ तुम्हारे मेले से
निर्मल गंगा पार करु, हर - हर राधे की बोली से
बढते - बढते आगे में, वामन घाट किनारा चल गया!
तेरी खुशबू पाकर के में आगे बढ़ता गया !!

परमेश्वर खोज

मत नहाने जाओ गंगा में, मत जाओ मंदिर, मस्जिद, गिरजा में,
साफ रखो तो सही, मन जैसी कोई गंगा नहीं
पुनित कार्य करो तो सही, समन्दर की कोई सीमा नहीं।
अगर आग ही शांत करनी है, तो पानी में फर्क इतना नहीं।।

राही ही भटक जाता है, रास्ता नहीं कभी भटकता!
ये मन ही बदल जाता है, पानी कभी नहीं बदलता !!
जाना ही है तो जाओ ....
तृप्त आत्मा, दीन परमात्मा, रूखे मन, जर्जर सी काया
समा जाओ तीर बनकर, परोपकार की छाया में',
क्यो जाते हो चारो धाम, समां बांधे परमेश्वर का नाम।

दिला जला पेरो में छाला, रूखे - सूखे मन भावो को
ले चलो अब उस ओर पार, जहाँ बहती है गंगा सात समन्दर पार।
अब दरिया दिल समन्दर सींचेगा, मन में बना धार
गंगा की छोड़ेगा।।
तीरथ मन में राखीऐ, दीन - हीन को वास।
मन में साधे सब सधे, एक नही सौ काज।।

ढलता सूरज

आज सूरज ढल रहा है .
अंधकार मे किरण बदल रही।
धूम्र किरण, पीत वरण
की चादर अम्बर ने ओढ़ रखा है ॥
जैसे सायों के पीछे,
प्रतिपल आगे बढ़ रहा है।
आज सूरज ढल रहा है ॥
सोया है अरुण, सोया है वरुण
सो गई किरण की ज्वाला है।
अंधमन मे, अंधगगन में
जैसे बदल रही सूरज तेरी काया है॥
लालमणि सी ओत - प्रोत,
नयन ज्वाला सी तार में,
अंधराज अब हो रहा है।
आज सूरज ढल रहा है ॥

वतन

मेरे देश का कण - कण सोना है!
वतन मेरा अब हर एक कोना है !!

तन समर्पित, मन समर्पित
सारा मेरा जीवन अर्पित ।
त्याग अर्पण की भूमि पर, गर्व हमें भी होना है ।।
मेरे देश का कण - कण सोना है !!

भाई चारा , प्रेम भाव
ममतत्व भावना, वतन से प्यार
अनेकता में एकता का होना है ।
मातृभूमि की यशोधरा का, गान वतन में होना है।।
मेरे देश का कण - कण सोना है !!

लहू बहा जब भूमि पर ,
तलवारो को ललकारा है।
साहस, शौर्य , वीरगाथाओं में
विश्व विजयी देश हमारा है।।
देश की इस शान को, वतन के अभिमान को
नहीं कभी हमें खोना है।
मेरे देश का कण - कण सोना है !!

यशोभूमि , तपोभूमि
महापुरुष योद्धाओ की जननी भूमि
मेरे वतन पर मुझे अभिमान है।
स्वच्छन्द हवा में लहराता, तिरंगा देश की शान है।।

इस मातृभूमि में हम पले बड़े,गर्व हमें भी होना है।
मेरे देश का कण - कण सोना है !!२!!
वतन मेरा अब ...!!

जनता की आवाज़

" हर वक्त उन निगाहो को सिखा देता है,
उन निगाहो पर से झूठ के परदे हटा देता है।
हर किसी के कोई तमन्ना होती है दिल में,
ये वक्त उस जिंदगी को महान बना देता है।। "

वतन पर मर मिटने वालो
नहीं काम चलेगा अब सोने से।
हल्दी क्या अपना रंग छोड़े ? लाख बार के धोने से।
समय चूक पछताओगे क्या होगा फिर रोने से!!
छोडो़ मत अपनी आन, चाहे सीस कट जाये
उस वतन के लिए, चाहे देश मिट जाये
भर रही है उमंगे हर देशवासी के दिल में,
मिलने आया है आज हमसे दुश्मन,
वीरो का कैसा हो उनसे मिलन !
ये इस देश के ताबूते कह गए ,
मिट्टी से करो इनका श्रृंगार ।
इस देश पर मर मिटने वालो ,
नहीं काम चलेगा अब सोने से ।
जो देख - देखकर घबराया है,
वो आज हमारा शोषण करने आया है।।
तुम स्वयं भी मरण के मुख पर चरण धरो रे !
जीना हो तो मरने से नहीं डरो रे!!
आक्रोश, क्रोध और प्रसाद जी कहते है --
जला दो उन इतिहासो को,

रच दो एक नया इतिहास,
दुश्मन को दो अब तुम मात।
कैसे अब भारतवासी शांत रह पायेगा?
जब दुश्मन को मार गिरायेगा,
तब सुख शांति देशवासी पायेगा!!

मैं गीत विहग अरमान का गाता हूँ।
दो पक्तिं देश को बतलाता हूँ ।।
मरता क्या नहीं करता?
कुछ करके तो दिखलाता हूँ ।
उस पाकिस्तानी को इस बुलंदी की आवाज़ पहुँचाता हूँ।।
मैं इस देश को संदेश सुनाता हूँ ...

जग में रहकर कुछ नाम करो,
न निराश हो तुम करने वालो,
उस देश की खाल तुम उतार डालो!
इस विहग अरमानो से, ना बात को जुबान से
रहे ना कोई खामोशी दिल में,
हर हिन्दुस्तानी हो उस महफिल में ।
जिस दुश्मन ने तेजाब आज गिराया है,
उसके प्रति हर भारतवासी आज खड़ा हो आया है।

हो गई है पीर, पर्वत सी पिघलनी चाहिए !
इस देश से दुश्मनों के प्रति गंगा निकलनी चाहिए!!
सिर्फ हंगामा खड़ा करना मेरा मकशद नहीं,
मेरी कोशिश है कि दुश्मन से बदला मिलना चाहिए।।
हर देशवासी में ऐसी तमन्ना होनी चाहिए !!
इस देश की तस्वीर बदलनी चाहिए।।१।।

देशोन्नत गीत

यहाँ पर आपको एक बहुत ही मार्मिक कविता दी गई है।यह रचनाकार की प्रथम कविता है जिसे उन्होने सन् २०१४ ई. में विक्रम संवत २०७० मध्यकालीन में प्रत्याभूत किया गया । यह कविता जनसहयोग,परोपकार , देशहितार्थ, मानवता से अभिभूत होकर मानवीय दृष्टिपटल पर प्रभाव डालती है। जो इस प्रकार से है

मैं एक देशोन्नत गीत गाता हूँ ,
कविता को सुनाता हूँ।
कविता को सुनाऊंगा, देश को हँसाऊंगा,प्रेम को बढ़ाऊंगा और मन,
कर्म, वचन तथा वाणी से शुध्द हो जाऊंगा।
मैं एक देशोन्नत गीत सुनाता हूँ.

कर्म से काम करूंगा,
सभी के साथ रहूंगा,
जिंदगी को सफल बनाऊंगा !
आगे रास्ता दिखलाऊंगा।
रास्ता ना मिलेगा तो,
जिंदगी को राह बनाऊंगा।।
लेकिन देश को उन्नति देकर ही जाऊंगा!
मैं एक देशोन्नत गीत सुनाउंगा और दुनिया को हसाऊंगा!!

मैं देश के लिए जो कुछ करूंगा,
आपके लिए ही भरकर जाऊंगा,
देश में मैं जिस चीज की उन्नति करूंगा ,
मेरे लिए ही नहीं, सबके लिए करूंगा

मैं खुद भी करूंगा और दूसरो से भी कराऊंगा।
मैं एक देशोन्नत गीत गाऊंगा जिसे सभी को याद कराकर जाऊंगा ।।
मैं दुनिया का प्रेम बढ़ाऊंगा,
पवित्र राग अलपाऊंगा!!

दुनिया को सिखाऊंगा, देश को समझाऊंगा, बचत कराऊंगा
नाम रोशन करके जाऊंगा और उन्नति कराऊंगा।।

एक देशोन्नत गीत गाकर जाऊंगा,
पीछे कदम ना बढ़ाऊंगा,
आगे का हिस्सा बटाऊंगा,
दिल में चमक बढ़ाऊंगा,
देश को दिखलाऊंगा,
पावक में दीपक जलाऊंगा,
नाम ऐसा रखकर जाऊंगा ।

एक देशोन्नत गीत गाऊंगा
मैं एक देशोन्नत गीत सुनाउंगा ,देश का प्रेम बढ़ाऊंगा!
दिल की चमक ना भूलूंगा ,आगे ही कदम बढ़ाऊंगा!!
मैं एक देशोन्नत गीत सुनाता हूँ!!! -- 2

चेहरे की प्रतियां

मैने डिजाइन किया अपने चेहरे को
और कोरे कागज पर उसकी प्रति उतारी।
एक नज़र से उसे फिर देखा, शायद कुछ कमी रह गयी।
आईने के सामने फिर चेहरे को देखा, लेकिन महसूस हुआ कि यह
आईना ही गलत है।

तो असली चेहरे की सत्यता क्या है?
मैं ऐसा सोच ही रहा था तभी मैने एक जनाजा मेरी गली के बाहर
निकलते हुये देखा-
एक व्यक्ति सबसे आगे जा रहा था उसका चेहरा मायूस, गर्दन झुकी हुई,
लुप्त सी लेकर भावनाएं चल रहा था !
चार व्यक्ति जनाजे को कंधे दिये हुऐ थे उन चारो का भाव मोह - माया से
ग्रस्त था क्योंकि वे उसी के परिवार से थे!!
उनके पीछे कई व्यक्ति थे। उनमे भी दो गुट थे - एक आस्थाभावी और
दूसरा उपास्थाकारी।
जो आस्थाभावी गुट था - वह ', 'राम नाम सत्य है, सत्य .... ' वाला
कथन दोहरा रहे थे। और उपास्थाकारी लोग आपस में चर्चा करके उसका
चेहरा बना रहे थे।वहाँ से मुझे चेहरे की प्रतियां मिली ।।

तब समझ में आया कि असली चेहरा तो कफन ही बता सकता है जिसे
व्यक्ति स्वयं देख नहीं पाता है।
यह थी उस असली चेहरे की सत्यता!!
* इससे एक बात सीखने को मिलती है कि ईश्वर ने हममे अच्छाई और
बुराई खोजने का अधिकार दूसरो को दिया है। हमे सिर्फ करने का ही

अधिकार है। आप अच्छा कार्य कर रहे हो या बुरा ये केवल दूसरे ही लोग बताते है।।

डॉ. भीमराव अम्बेडकर

जरा सोचो! एक अकेला आदमी कैसे लडा़ होगा
छल, कपट, अत्याचार में आगे कैसे बढ़ा होगा।
नीची जाती, अछूत प्राणी कैसे संघर्षो मे पला होगा ।।
एक के लिए नहीं, पूरे देश के लिए
एक बाधा नहीं, अनेक बाधाओ के लिए
मन में शिकंजा कैसे उसने कसा होगा ?
जरा सोचो! एक अकेला आदमी कैसे लडा़ होगा।।

जरा सोचो! बिना अधिकार के, बिना सम्मान के
एक अकेला आदमी कैसे लडा़ होगा ?
बिना चिंगारी के दीपक कैसे जला होगा।
अंधकार मे उजियाला, काँटों पर फूल
कैसे पला होगा ।।
लूट पाट, अत्याचार और रिश्वतखोरी में
जाती - पाती , ऊँच - नीच,रंगभेद की कसौटी में
सम्राट हृदय कैसे टिका होगा ?
जरा सोचो! एक अकेला आदमी कैसे लडा़ होगा।।

जरा सोचो!सवर्णो में एक छुद्र कैसे पढ़ा होगा
कोर्ट - कचहरी, देश - विदेश में घूम - घूमकर
कैसे संविधान उसने रचा होगा?
अंगारों पे एक इंसान कैसे चला होगा!
मरते दम तक अपने अधिकारों से कैसे लडा़ होगा!!
जरा सोचो! एक अकेला आदमी कैसे लडा़ होगा!! १ !!
भारत रत्न संविधान निर्माता....
बाबा साहब डॉ. भीमराव अंबेडकर

कलम

ना तीर है , ना तलवार है
मेरे पास कलम हथियार है।
काट रहा हूँ उस पर्वत को ,
जिस पार मेरा इम्तिहान है !
कट रही है राते , कट रहा है दिन
थोड़ा ही सही वक्त का इजहार है।
मेरे पास कलम हथियार है ।।

चिन्टू , पिन्टू कह रहे ......
क्या कलम से तुझे इतना प्यार है ?
हँसते हँसते मैं बोल पडा ,
अरे... हां ! इस पर तो मेरी जिंदगी ही कुर्बान है।
मेरे पास कलम हथियार है ।।

मिल रहा है सुकून, मिल रही है रूखी यादें
वक्त का परिंदा अभी गुमान है ।
थोड़ा ही सही वक्त का इजहार है ,
मेरे पास कलम हथियार है ।।

मिल गई वो मंजिल, मिल गई वो शोहरत
जिसका अब से नहीं, ना जाने कब का इंतज़ार है।
बातों ही बातों का यादो में रह जाता है,
हाथों का लिखा इतिहास बनाता है।
वह मंजिल मेरी अब जान है!
ना तीर है , ना तलवार है
मेरे पास कलम हथियार है।।

लक्ष्य एक मंजिल

वक्त अभी ठहरा नहीं है ....
हमारी मंजिलो पर कोई पहरा नहीं है।
जान गये हो अब उन मंजिलो को,
जिनकी शक्ल बदखूबसूरत होती है।
पहचान गये हो ना अब कि ,
हीरो की खाने कोयलो में ही होती है ।।

ना वक्त ठहरा है ..
ना हम ठहरे है ...
उस मंजिल की अभी तलाशी है !
जिस मंजिल को पाने की ,
अरमानो की आँखे प्यासी है ।
था में नर्वस मैं ....
उस मंजिल को पाने की तलाशी में !
भटक गया था उस राह से में ,
जो पास मुझे बुलाती है ।
फूलों का पहरा था उस राह में ,
जो मंजिल मेरी उदासी थी ।
उस राह को पाने की ,
तन - मन में मैने ठानी थी।।

गिर - गिरकर पहुँच गया था में ,
उठने में नहीं उदासी थी ।
थी खिन्नता उन लोगों में ,
जिन्होंने गिराने की मुझे ठानी थी ।
कदम रखा जब मैने मंजिल पर ,

तो सबकी जय - जयकार आनी थी।
ये दुनिया प्रशंसा की दीवानी थी ,
क्योंकि मेरी मंज़िल ही अब मेरी दासी थी।
उस को पाने की तन - मन में मैने ठानी थी।।

हुआ सवेरा तो देखा ,
वो ही लगन फिर से जमानी थी।
अंधकार मे दीप जलाकर ,
मंजिल पर धाक जमानी थी ।।
उस को पाने की तन - मन में मैने ठानी थी।।१।।

सफलता का रण

जिस रण के पीछे ठान लगा ,
कभी तो विजय पताका लहरेगी।
जिसके पीछे तु भाग रहा,
वो तेरे कदम अब चूमेगी ॥

ना गान कर , ना तेरा बखान कर
कर्म - सिद्धयोग रत से तू सत्कार कर।
क्या नौका तर के पार नहीं होती ,
तो तेरी मेहनत क्या साकार नहीं होगी?

इंसान तो मर्मज्ञ की धार है ,
जो कटे भेद तो लज्जा और अपमान है ,
ध्यान रत तो तपस्या के समान है ,
क्या तेरी तपस्या का ये ही परवान है।
तेरी जिंदगी का भाई ये ही इम्तिहान है ॥
अगर इस रण के पीछे तेरा जीवन कुर्बान है ,
तो तेरी लगन के आगे सफलता का मोहताज है॥१॥

मेहनत का सोना

अमन चैन से सुख सोता था ,
नहीं कभी वो मरता था।
मरता था तो करता था ,
अपनी मेहनत को सोना करता था ॥
प्यास लगे या भूख लगे ,
वो मस्त मौजो पर बहा करता था।
जिंदगी और जिंदगानी में वो,
ना किसी को कौसा करता था !
कौस रही है ज़िंदगी जिसे,
बन साया मौत का आया है।
मोह माया के चक्कर मे ,
जिसने इज्जत को गवाया है!
ये वक्त नहीं है सोने (sleep) का ,
ये वक्त है सोने (gold) का,
ना खोने का , ना रोने का
ये वक्त है संयम होने का।
भवसागर को पार कीये,
तोसुख हीए में होता है।
अमन चैन से सुख सोता था ,
नहीं कभी वो मरता था ॥

रेखा रेख नही है रे

रेखा रेख नही है रे ....
मानव का लेख नही है रे।
पोथी पंडित कर घर बैठा ,
मन में बोझ वहीं है रे
रेखा रेख नही है रे ....॥

हाथ देख हमे समझाते ,
विपदा अब बढ़ गयी है अनेक।
विषघोल - घोल कर हमे बताये
पाप - पुण्य का सारा भेद ,
रेखा रेख नही है रे ....॥

कर्मे का है ये सब खेल ,
ना कोई लेख, ना कोई भेद
अब तो समझो रे अधीत प्राणी।
शिक्षा की वृहद् वाणी ,
रेखा रेख नही है रे ....॥

समझ गये अब सब नर और नारी ,
कर्मो पर खंजर चले ना भारी।
कर्म गढ़े अपने प्राणी ,
हम क्यो माने पोथी पंडित की वाणी।
अब समझाऐ सबको हम एक कहानी
रेखा रेख नही है रे .... ।
मानव का लेख नही है रे ॥

मनुष्य के सभी लेख उसके कर्मो मे निहित है!*

नयी साल वाली रात

तेरा आना, उसका जाना
बीती बातें, कल की रातें
थोड़ा इत्तफ़ाक सा लगता है !
चलो wish करते है तुम्हें ,
शायद आज नया साल सा लगता है!!

उसका चले जाना, तुम्हारा आना
सुख - दुःख का संगम सा लगता है!
इतिहास में फिर से पढ़ना ,
महाभारत, रामायण सा लगता है !!
नया साल ना जाने क्यूँ ,नया पैगाम सा लगता है !!!

फोन पर मैसेज, बधाईयो की भरमार से
कुछ खास लगता है !
पता नहीं एक पूरा साल जीकर भी
क्यों वह पुराना साल सा लगता है !!

ज्यादा सिर्फ कुछ नहीं ...
वो ही दिन, वो ही रात
सूर्य अब भी पूर्व से ही निकलता है !
बदला सिर्फ कैलेण्डर है ,
पर बदला एक साल सा लगता है!!
पता नहीं क्यों वह पुराना साल सा लगता है!!!
चलो wish करते है तुम्हें ,
शायद आज नया साल सा लगता है।।

बढ़ते चलो आगे, जीत हमारी सच्ची है

ना देखो मुड़कर पीछे,
नींव हमारी पक्की है,,
बढ़ते चलो आगे, जीत हमारी सच्ची है।
सदियों से इतिहास रचा,
इतिहास की बगावत अभी बाकी है।
लहू से बहता है जब खून,
लव्ज -ए - कांप उठता है दरिया दिल
दन - दनादन तोपों की आवाज़ वहाँ से आती है।
ये दिल फिर से कहता है ....
बढ़ते चलो आगे, जीत हमारी सच्ची है।
सुर्ख थी वो हवाएं, तिरंगा कफन की ओट में
कांप रही थी मिट्टी, फैले लालमणि की चपेट से
मन में थी गंगा , हाथो मे था तिरंगा ,
कुछ आवाज़ ऐसी लेकर चले कि
ये दिल फिर से कहता है ....
बढ़ते चलो आगे, जीत हमारी सच्ची है।
खूब मची थी होडा - होडी पड़ गए जान के लाले,
लेकिन हम ही तो थे इस धरती माँ के रखवाले।
इजाजत और इबादत कहती है...
मर जाना या फिर कुछ कर गुजर जाना ,
ये खून हमारी रगों और साहस में बसता है।
इस मिट्टी का कण कण सोने की सुगंध बनकर ये कहता है।।
ये दिल फिर से कहता है ....
बढ़ते चलो आगे, जीत हमारी सच्ची है।
ना देखो मुड़कर पीछे,

नींव हमारी पक्की है,,
बढ़ते चलो आगे, जीत हमारी सच्ची है॥१॥

मन मेरा रोता है

मन मेरा रोता है,
इंसान में इंसान क्यों खोता है ?
मन मेरा रोता है ..... !!!

फूँक - फूँककर चलता है ,
फिर भी पैर क्यों फिसलता है?
उड़ान परिंदो की भरता है ,
फिर भी नीचे क्यों गिरता है ?
मन मेरा रोता है ..... !!!

देख निगाहें चलती है ,
राह को देख संभलती है ,
फिर भी क्यों ठुकराता है ?
दिल काफिर हो जाता है ,
फिर भी क्यों पिघल जाता है ?
मन मेरा रोता है ..... !!!

साँसो को बाँधे चलता है ,
चिंगारी अंगारों की सहता है ,
फिर भी क्यों राह बदलता है ?
मन मुसाफिर हो जाता है ,
फिर भी क्यों ठिठकता है ?
मन मेरा रोता है ..... !!!

जोड - तोडकर, नोंच - नोंचकर
जिंदगी को तू सवरता है।
धधक रहे अंगारों में ,

पानी क्यो छिड़कता है ?

इंसान में इंसान क्यों खोता है ॥
मन मेरा रोता है ..... !!!

हम और तेरी बोली

मेंने रुचाया था खेल ये,
पता नहीं , ऐसा होगा बेमेल ये
तू जिस खाक की कहता है , मैं उसे तरने जाता हूँ।
किसी राही को मंजिल तक ले जाता हूँ ।।

कर्तव्य का पथ ना भूलकर,
चलती सोपाने उड़ान भर,
कभी ना डगर को भूलकर,
उस पथ को जरा कबूल कर।

मैं उन्मादी बना रहूँ क्या उसमें मेरी भलाई है ?
उतप नजरें सोचे इसकी जग से हाथापाई है।
कर दिया घमासान तहलका,
उतप नजरों से अब बचना था।
रूह काँप गई उनकी जो उन्मादी का ताना देते है!
जितन पर हो गई तनक सवार,
वे आज मुझे ओझल का राही कहते है।।

खुद ही मिटा इंसा , क्यों में विषरस घोलूंगा
तेरी उन्मादी के चक्कर में ,
मैं क्यों उसके पीछे मंजिल छोडूंगा।
मिटा देंगे इतिहास तुम्हारा,
फूँक - फूँककर पत्ता खायेगा।
ईमान मिट गया, किरदार मिट गया
अब क्या मुझे मिटायेगा।।

कोई और, और मै और

कोई कहता है   उन्मादी बना रहेगा तो,
जग को तू तर जायेगा!
मैं कहता हू. उन्मादी के चक्कर मे,
मेरा सबकुछ लुट जायेगा।।

कोई कहता है . मोह - माया के चक्कर मे पडकर,
जीवन कुण्ठित बनायेगा!
मैं कहता हू .... मैं जीवन का धन - वैभव लेकर,
एक नया संसार बनाऊँगा।।

कोई कहता है ... किसी का जीवन ,
ना सवार पायेगा तू !
मैं कहता हू .... रगों के विश्वास से,
विषरूपी ना बात से, प्रसाद के हाथ से
तेरा जीवन धन्य हो जायेगा।।

कोई कहता है . घबरा गया है तू अपने पथ पर,
डगर मुझे बना ले तेरी!
मैं कहता हू .... मेरी मंज़िल क्या मुझे दिलायेगा?
मेरे पथ में बाधा बनकर उबर आयेगा।।

कोई कहता है. जय जयकार है तेरी !
मैं कहता हू.. कोई दिन तेरा भी आयेगा लेकिन,
उन्मादी बना रहेगा तो अपनो में ही गिर जायेगा।
उन्मादी के चक्कर मे तेरा सब-कुछ लुट जायेगा।।

परोपकार की धार

आज नही तो कल,
वो पल जरूर आयेगा!

अच्छे कार्यो का फल तुझे जरूर मिल जायेगा!!
जीवन एक नदी है, उसमें बहना छोड़ो !
किसी की साँसो के तीर बनकर, उसमे बसना सीखो!!

सीखाने को तो बहुत कुछ सीखाती है ये जिंदगी
गिरते हुए को उठाना सीखो!

कुदरत जो करता है, अच्छा ही करता है।
करना अब तुम भी अच्छा सीखो!
किसी की साँसो के तीर बनकर, उसमे बसना सीखो!!

कुम्हार --

मैं देख कुम्हार के हाथो का घडा,
पानी पीने चला आता हूँ।
भाव - विभोर होकर में, आत्मसात् को गले लगाता हूँ।
आज उसी कुम्हार के पास में जाता हूँ !!
दियावा आई पानी पिलाने, उसी रचनाकार का
दया-करुणा,भाव-निष्ठा, झलक रहा उसी कुम्हार का।
देख कलाकारी मैं अचरज में था ....
उसने थोड़ी मिट्टी ली, छुआ पानी की धार को
साँचा ऐसा गढ़ दिया, जैसे भमाता की नार हो!
चाक घुमाते देख कलाकारी, मैं देख रहा उसके हाथ को
रच डाला वैभव सारा,
जैसे रचा हो इसी ने सारे संसार को!!
कृति अपनी पका रहा, धधक रहे अंगारों में।
रंग रोगन ऐसा कर दिया, बिकने गये अब बाजारो में।।
मिट्टी की रौनक अब चमकती है,
कुम्हार की मेहनत उस घड़े में झलकती है ।।

" रचना रची कुम्हार ने, जैसे रचा संसार।
मेहनत के विना कभी, ना होवे बेडापार।। "

एक विद्यार्थी

बन्द कमरे में सिहाग संवरता है।
तपता है, जलता है
संघर्षों पर अडिग निखरता है।
वो रोज गोल को करता है ।।
जो सपना एक सजोंया है
नींद, चैन सब खोया है।
ना रात पता, ना कोई घर बात बता
क्या खाया बेटा ये बात बता?
बस गोल - गोल में खोया हूँ !
खाने को कभी ना रोया हूँ!!
जब चिराग तर्पण में जलता है,
तो परमेश्वर भी धीर संवरता है।
मैने ले रश्मी ज्ञान प्रभा, अपने तर्पण पर ध्यान लगा
मोह - माया रास सदा से ले निवृत्ति,'
कर्म ,तप, मेहनत में खोया हूँ!
बन मिट्टी का दीपक ,सपनो में उजाला करता हूँ।
तेरी इच्छा शक्ति का, ध्यान लगाकर मेहनत करता हूँ।।

अन्नदाता

रुक देख जरा !!! वो आया है .....
आवाज़ देश की बन आया है।
सिर पर पगड़ी, अधर अंगरखी
गमछा डाल तन पर अब आया॥
देख सड़क पर है छाया
न्याय माँगने, साथ निभाने
छोटा - सा अपना फर्ज निभाने
आवाज़ देश की बन आया है॥
रुक देख जरा !!! वो आया है .....

ना रुका जो काली रातो में,
तूफान, कोहरे , भरी बरसातो में
अब रोक रहा है प्रशासन सड़को पर
लाठी, पानी की बौछारो और अपनी बातों से,
ना रुका है, ना रुक पायेगा।
अपना हक, न्याय लेकर ही जायेगा॥
सदियों से लड़ता आया है ,तभी किसान कहलाया है।
अपने हक का खाता है, मेहनत का फल पाता है।
फिर भी अन्याय अब छाया है,
तो किसान सड़क पर आया है ।
रुक देख जरा !!! वो आया है .....
आवाज़ देश की बन
रुक देख जरा !!!
वो आया है !!!!

कलम की सीख

मैं एक कलम हूँ , मुझसे सीखो
ताकत इस कलम की, भविष्य बता देगी
तेरी राहों का अंधेरा, एक कलम मिटा देगी।

लगता है दिया तो कुछ नहीं, पर महसूस हुआ है।
रास्ते का अंधेरा अब कुछ कम हुआ है ,
अंधड़ देख कलम नहीं ठुकराती है,
मन से आवाज़ आती है ....
रुक नहीं, थोड़ा झुकना
झुककर आगे बढ़ना, ही सफलता दिलाती है।

कलम कहती है...
झुकी मैं, तो शुन्य हो गई
मैं अपनो में ही विलीन हो गई ।
तेरी इच्छा मरी न माया मरी , पर बन तो गयी तकदीर ।
सफलता के राज खुले, यहाँ तक लाई तुझे मेरे वीर।।

उजाला

उजाला वही होता है ,जहाँ अंधेरा होता है ।
प्यार वहाँ होता है, जहाँ इश्क़ होता है।
गुरुर वहाँ होता है, जहाँ कुछ अपना होता है।
रहम वहाँ होता है, जहाँ प्यार - प्रेम होता है।
कद्र वहाँ होती है, जहाँ इज्ज़त होती है।
इंतज़ार वहाँ होता है, जहाँ राह होती है।
राह वहाँ होती है, जहाँ अपने होते है ।
अपने वहाँ होते है, जहाँ हम होते है।
हम वहाँ होते है, जहाँ उजाला होता है।
उजाला वही होता है जहाँ अंधेरा होता है।।१।।

शिक्षक

शिक्षक जो दीप जलाऐ, अंधकार को दूर भगाऐ
जलते अंगारों में से, खरा सोना हमे बनाये!

शिक्षक जो गुरू शिष्य की परम्परा निभाये,
रिश्तो का बहुकोण बनाऐ,मार्गदर्शन हमें कराऐ!

शिक्षक जो ईश्वर के रसूल कहलाऐ,
जीवन में प्रकाश फैलाऐ,अज्ञान का नाश कराऐ!

शिक्षक जो गुणों की खान कहलाऐ ,
अक्षर ज्ञान हमें कराये, सन्मार्ग को हमे सिखाये !

शिक्षक जो स्वयं जलकर हमे तपाये,
खोट -खोटकर ढाल बनाये,जीवन का उद्धार कराऐ!

शिक्षक जो टूटे हुऐ खिलौने सजाये,
कीमत , चमक उनकी बढ़ाये ,अमृत वाणी से हमें पवित्र कराये!

शिक्षक जो बचपन का पाठ पढाये,
माता - पिता के रूप में उभरकर आये, शिक्षा का महत्व हमें सिखाऐ!

!!! पारब्रम्हा गुर नाही भेद!!!
ऐसे सभी शिक्षको को शिक्षक दिवस की हार्दिक बधाई!

मेरी भाषा

करती हूँ अठखेली शब्दों से,
शब्दों को जोड़ अर्थो से,
अमिट छाप मेरी रह जाती,
हिन्दी भाषा में कहलाती।

भाषा मेरी सरल कहानी,
व्याकरण में अर्थ छुपाती,
वाणी से बनता है व्यवहार,
शुध्द कराती सबको ज्ञान।

लयबद्ध से पूरित मेरी वाणी,
रूप,अलंकार, छंद, विकार
में देखे मुझे सभी प्राणी,
राजभाषा में कहलाती।

सारे भेद तुम्हें बताऊ,
अनपढ़ से ज्ञानी तुम्हें बनाऊ,
अब तो रटो मेरी कहानी,
हिन्दी को बनाओ जीवन की वाणी।।

चाहत और इच्छा

सुबह हो गई है नित्य प्राणी बदलना चाहता है!
गर्जना की गिडगिडाहट से पानी बरसना चाहता है!!

शाम हो गई है सूरज ढलना चाहता है
हर प्राणी एक नया सवेरा चाहता है

हर पक्षी एक नया बसेरा चाहता है!
पंखो के बल पर मंजिल का सफर चाहता है!!

कर कमलो के बाज की ऊँचाई को छूना चाहता है!
अरमान पंखो के सहारे पूरा करना चाहता है!!

बिना हवा के पानी बहना चाहता है!
इंसान से हर एक इंसान बचना चाहता है!!

बर्फ बनकर पानी संभलना चाहता है!
धूप के बवार में पानी नहीं उबलना चाहता है!!

मोहमाया से हर इंसान बचना चाहता है!
बचकर भी मकड़ी को पकडना चाहता है!!

लालू प्रसाद (करौली)

जिंदगी की उड़ान

जिंदगी एक उड़ान है,
जियो तो पंक्षी के समान है।
ना कोई कुछ लेकर जायेगा ,
ना किसी को कुछ देकर जायेगा ,
खुदा की ये सब शान है ,
जो कुछ कर गया वो महान है।
खुदा के लिए सब एक समान है॥
जिंदगी एक उड़ान है।......

जिंदगी एक उड़ान में है,
हर शख्स की तीर कमान में है ,
जिसको देखो वहीं है सहमा - सहमा सा,
जैसे कुछ उसके इम्तिहान में है॥
जिंदगी एक उड़ान में है।......

जिंदगी एक उड़ान है ,
रोको तो हवा के समान है ,
उन ताबूतो के लगाम में है ,
जो जिंदगी से घबराया है ,
उसी पर मौत का साया है।
जो जिंदगी से ना घबराया है,
उसके पीछे दुश्मन पड आया है ॥
जिंदगी से मानव तु क्यों घबराया है।
क्या तेरे पीछे भी किसी का साया है ?
जिंदगी एक उड़ान में है।......

जिंदगी एक उड़ान है, कल्पना के बहाने ...
उडो़ तो पंक्षी के समान है, पंखो के सहारे ...
जिंदगी एक उड़ान है।
जिंदगी एक ...॥

बिखरती जिंदगी

जिंदगी नाज़ुक - सी हो गयी है,
मुझे बिखरने का डर है।
बर्फ के समान इंसान को,
पिघलने का डर है।।
जुग - जुग जिये ऐसी तमन्ना,
जिंदगी का वो पगर है।
नाज़ुक - सी इस दुनिया में ,
इंसान को इंसान का डर है।।

मैंने कहा... उसने सुना, ये ही नहीं
जिंदगी सागर का वो समर है।
पग -पग पर जिंदगी ,काँटों का सफर हेै।।
जो तर गया वो निकल गया,
जो डर गया उसी को डर है।
जिंदगी नाज़ुक - सी हो गयी है,
मुझे बिखरने का डर है।

ना मेरा एक है, ना तेरा लाख है
तेरा तुझ से ही विश्वास है।
इस नाज़ुक दुनिया मे खुद से खुद को आस है।।
समुद्र की सागर परती को,
जल की बूंदो पर विश्वास है।
बूंदो का है सागर,
हवाओ का सागर को भी डर है।

बर्फ के समान इंसान को,
पिघलने का डर है।।
जिंदगी नाज़ुक - सी हो गयी है,
मुझे बिखरने का डर है।

अभी ना रुक

अभी ना रुक ,अभी ना रुक
जिंदगी में कभी ना रुक।
पलभर - पलभर, चलकर - चलकर
अपनी मंजिल को पकडकर।।
अभी ना रुक -2 कदम बढाते कभी ना रुक ।।1।।

उल्लास, अभिलाषा, गगन
है उसके जीवन की भाषा।
कदम कदम पर है इम्तिहाना ,
उसका कोई नही है सिराना ।।
जिंदगी में कभी ना रुकना,
रुकने की साँसो मे थमती।
थमते - थमते रुक ना जाना ,
जिंदगी में उसे नही बुलाना।। 2।।

चलते - चलते थक ना जाना ,
जिंदगी में कभी ना रुकना ।
अभी ना रुक ,अभी ना रुक,
जिंदगी में कभी ना रुक।। 3।।

सोच और नजरें

कुछ दुःख हुआ ,
कही आभास हुआ,
कुछ पल गुजार के एहसास हुआ।
में देख रहा था ...
लुट रहा था प्यार, लुट रहा था इंतज़ार
कुछ ही पलो का था वो एहसास:
चिमनी जल तो गयी,
सहसा कुछ कमिंया ढूँढने लगे उसमें लोग।
रोशनी तो थी,
पर चिमनी की धुआँ अभी कुछ काली थी।
ताक रहे थे कुछ लोग,
उस धुआँ काली को।
झिलमिला रही थी रोशनी ,
देख आँसू आँखों में।।
खुशियाँ तो थी पर,
रोशनी में रोशन अभी भी कम था।
बट रहा था प्यार, लेकिन प्यार में थोड़ा गम था।
यह एहसास मुझमें ही नहीं,
मेरे अपनो में भी क्या कम था।।
मैं देख रहा था उस अंधेरी रात में
चिमनी से रोशनी का ही मातम था।
अब मुझे एहसास हुआ कि...
ये चिमनी में नहीं,उन लोगों में ही धुआँ का सितम था
धुआँ का पर्दाफ़ाश हुआ, अब उन लोगों को रोशनी का एहसास हुआ।।

रचना रस

चढ़ा है कवि पर्वत पर,
कभी समन्दर ने तोला है।
कल्पना की राहो ने उसे घेरा है।।
कल्पित मन, व्यथित सृजन
बहती गंगा की धारा में, उसने हाथ धोया है।
कल्पित कोश लिये, मन तीर बनाकर,
चढ़ा बाण पर छोड़ा है।।
चढ़ा है कवि पर्वत पर,
कभी समन्दर ने तोला है।।१।।
स्वच्छन्द, विन्द और निर्मल मन की धारा ,
प्यार बना छंद, रस कविता में उसने घोला है।
पवित्र वाणी मे, पुरानी यादें में ,
निमग्न ध्यान किये ,
प्रत्येक के हृदय मे प्रेमरस का, राज आज खोला है। ।
चढ़ा है कवि पर्वत पर,
कभी समन्दर ने तोला है।।२।।

आया हूँ मैं आया हूँ

आया हूँ मैं आया हूँ ......
मैं बन पुतला दुनिया में आया हूँ।
ना दौलत को, ना शोहरत को
ना ईष्या को, ना वैश्या को
मैं प्यार कमाने आया हूँ॥

आया हूँ मैं आया हूँ ......
मैं बन इंसान दुनिया में आया हूँ।
ना इश्क़ को, ना इजहार को
ना धरती को, ना सागर की परती को
मैं इंसानियत कमाने आया हूँ॥

आया हूँ मैं आया हूँ.
मैं बन तस्वीर दुनिया में आया हूँ।
ना पूजा को, ना पाखंड को
ना अंधविश्वास को, ना जादू-टोना को
मैं गुणों का ज्ञान कमाने आया हूँ॥

आया हूँ मैं आया हूँ ......
मैं बन तपस्वी दुनिया में आया हूँ।
ना भक्ति को, ना शक्ति को
ना कश्ती को, ना मूर्त मस्ती को
मैं यश कमाने आया हूँ॥

आया हूँ मैं आया हूँ ..
मैं बन मनमौजी दुनिया में आया हूँ।
ना तृष्णा को, ना घृणा को
ना मद - उदासी को, ना मोहग्रस्त लिप्सा को
मैं स्वच्छन्द प्यार लुटाने आया हूँ॥

खुशी के 10 मंत्र

1. एक अच्छी सुबह से दिन की शुरुआत करे जिससे पूरा दिन बेहतर रहे।
2. व्यक्ति को 24 घण्टो मे से 10-12 घण्टे शान्ति मूढ़ में रहना चाहिए।
3. दुःखी तो इस संसार में प्रत्येक व्यक्ति है लेकिन उस दुःख मे से खुशी ढूँढने का प्रयास करे।
4. थोड़ी देर मुस्कराने से हमारी सेल्फी अच्छी आ सकती है तो जिंदगी भर मुस्कराने से हमारी जिंदगी अच्छी नहीं बन सकती है क्या ?
5. दुःख को सहकर भी अपने चेहरे पर खुशी प्रकट करे।
6. जो अगर स्वयं मे कमीं है तो उस कमी को लेकर दुःखी नही होवें। उस कमी को सुधारने का प्रयत्न करे।
7. जो चीज़ स्वयं के पास है उसी से खुश रहना सीखे। किसी और चीजों की कामना में दुःखी नही होवें।
8. हर दुःख - सुख के पीछे कोई न कोई कारण छिपा रहता है। उस कारण को जानने का प्रयास करे।
9. खुशियाँ पैसा, धन - दौलत से नहीं, खुशियाँ आपसी तालमेल से आती है।
10. एक खुश व्यक्ति अपना सारा जीवन खुशी के साथ बिताने में लगा देता है।

* " खुश व्यक्ति के अंदर एक सुन्दर - सा संसार वास करता है ।"

Be happy ... Be positive ... . Be enjoy ....

सफलता के सूत्र

1. सफलता के लिए लगातार प्रयत्नशील रहना जरुरी है।
2. सफलता पाने के लिए योजना और क्रियान्विती की दूरी को समाप्त करना होगा।
3. जिम्मेदार लोग ही सफल होते है स्थाई प्रसन्नता का मतलब ही सफलता है।
4. सफलता उन्हीं को मिलती है जो समय पर निर्णय लेने की क्षमता रखते है।
5. हर असफलता के लिए किसी और को जिम्मेदार ठहरा देने मात्र से सफलता हासिल नहीं हो जाएगी।
6. यदि किसी कार्य को विना इच्छा के कर रहे हो तो उसमें सफलता की कामना मत करो।
7. किसी से आगे निकलना हो तो उसको पीछे धकेलकर आगे निकलने का प्रयास मत करो
8. वल्कि उससे बेहत्तर बनकर आगे निकलने का प्रयास करो।
9. यदि आपकी सफलता दूसरों की असफलता पर टिकी हो तो वह भाग तुरन्त बदलो।
10. यदि आपकी सफलता आपके अहंकार को जन्म देती है तो वह आपकी सफलता नही है।
11. अपनी सफलता निर्धारित करने का अधिकार स्वयं को है।

12. सफलता माँगने से नही प्रयास करने से मिलती है।

13. सफलता किसी मंजिल पर पहुंचने का नाम नही है ,

14. सफलता सही रास्ते पर चलते रहने का नाम है।

15. अधूरा मन एक पहिए की गाड़ी के समान है जो एक कदम भी आगे नहीं बढ़ सकती है।

16. मुश्किल कार्य वह है जिसे मन नहीं करना चाहता है, मन जब उसे करने के लिए तैयार हो जाता है तो वहीं कार्य आसान लगने लगता है।

17. सफलता किसी इस बात पर निर्भर नहीं है कि आपका उद्देश्य क्या है और आप क्या कर रहे हो बल्कि सफलता इस बात पर निर्भर करती है आपका उद्देश्य क्या है और आप उस कार्य को किस तरीके से कर रहे हो।

18. सफलता की शुरुआत संघर्ष में आनंद लेने से है।

19. कार्य का प्रथम 10 प्रतिशत 90 प्रतिशत समय लेता है शेष 90 प्रतिशत कार्य केवल 10 % समय में ही पूरा हो जाता है।

20. आपत्तियां आपको असफल करने के लिए नही आती बल्कि आपत्तियां आपकी सफलता की राह में मज़बूती प्रदान करने के लिए आती है।

21. आप जो भी कार्य कर रहे हो उसका और बेहतर तरीका क्या हो सकता है हमेशा यह सोचते रहो।

22. आप अपना उद्देश्य बनाइए और कार्य शुरु कीजिए सफलता आपके सामने ही है ।

परिश्रम ही सफलता की कुंजी है +

मेरी जुवानी

इंसान को परखने के तरीके...
घमण्ड बता देता है, कितना पैसा है।
संस्कार बता देते है, परिवार कैसा है।
बोली बता देती है, इंसान कैसा है।
बहस बता देती है, ज्ञान कैसा है।
नजरे बता देती है, सूरत कैसी है।
स्पर्श बता देती है, नियत कैसी है॥

माँ के लिए दो पंक्ति ---

चेहरा और सितारा क्या, खुदरत की इजाजत बाकी है।
जहाँ चमक रहा सितारा, क्या तानो की आवाज़ वहां आती है।

ना भूला हु ना भूल पाउँगा ,उस मोहताज नजारे को :
चाहे डूब गया हो सूरज, वह "बेटा" कहकर मुझे बुलाती है॥

do good, get good
Time is tide, none for wait

सीढ़ियां उन्हें मुबारक हो,
जिन्हें छत तक जाना है।
मेरी मंज़िल तो आसमान है ,
रास्ता मुझे खुद बनाना हैं॥

अच्छाई की ही बुराई की जाती हैं ,,
बुराई की बुराई नहीं की जाती है ,
क्योंकि उस अच्छाई तक बुराई करने वाला पहुँच नहीं पाता है॥

ऐसा परिणाम दो कि तुम्हारा "चेहरा" बदल जाये और दुनिया की "ज़ुबान" बदल जाये।।

डर मुझे भी लगता था फासला देखकर,
पर में बढ़ता गया रास्ता देखकर।
खुद व खुद मेरे नजदीक आती गयी,
मेंरी मंजिल मेरा हौसला देखकर।।

जब हमें कोई अवसर या मौका प्राप्त होता है तो उसे पाने के लिए हमें भरसक प्रयास करने चाहिए, हमें अवश्य उस चीज़ में सफलता प्राप्त होती है ।।

ए मेरे मालिक इंसान को इतना भी क्यो दिया .... जिन लोगों के पास पैसा है उनके पास इच्छाएँ नहीं है, जिनके पास इच्छाएँ हैं उनके पास पैसा नहीं है ।।

ना बेकार रहे मेरा दिन, करता रहू कुछ काम ।
जीवन में मिले ऐसी दुआ, ऐ मेरे मालिक तुझे सलाम।।

Good better best never lit it rest,
Till your good is better and your better is best...
Have a nice day

तुमने कल क्या किया वो अधिक महत्व नही रखता है ,तुम आगे क्या करोगे ये महत्व रखता है।।

हमारा लक्ष्य बडा होना चाहिए उस बडे लक्ष्य के सामने दूसरे की बड़ी से बड़ी सोच भी विफल हो जाएगी

जितना करेगा, उतना भरेगा,
तेरा साथी तुझसे उतना ही जलेगा।।
लेकिन तेरी "इंसानियत " के आगे, उसका बस नही चलेगा।।

यकीन करिए उम्मीद खोना, हाथ - पाँव खोने से ज्यादा बुरा है।

जानने और सीखने मे बडा फर्क है. "जानना" किसी तथ्य के बारे में आपकी जानकारी का होना है आप उसमें कुछ भी बदल नहीं सकते है जबकि "सीखने "का तात्पर्य किसी कार्य करने के तरीके से है॥ #॥

सीखने के लिए समय और साधन से ज्यादा जरुरी है, सीखने की इच्छा का होना।

सीखने का उम्र से कोई सम्बन्ध नहीं है। ।

सबको जलने दो बस अपनी इंसानियत, उमंग, उत्साह को मत मरने दो॥

असफलता की चिंता मत करो वह बिल्कुल स्वाभविक है ,वे असफलताएँ जीवन के सौन्दर्य है। यदि तुम हजार बार भी असफल होते हो तो एक बार फिर प्ररत्न करो॥

एक महान व्यक्ति बनने के लिए हमारी पूरी ज़िन्दगी गुजर जाती है, लेकिन उस महानता को गिराने के लिए एक क्षण ही काफी है॥

जिस घर की नारी मे संस्कार नही है उस घर मे से खुशियों का वास उठ जाता है॥

समय किसी को दिखता नही है, लेकिन समय सबको दिखा जाता है॥

चाहे दो पैसा ही कमाओ, लेकिन इज्जत से कमाओ क्योंकि हमारे इस संसार से विदा होने पर हमारे साथ केवल इज्जत ही जायेगी ,पैसा नहीं न कोई धन दौलत॥

हमारे जीवन मे शिक्षा का महत्व इतना है कि हमारी हजारों गलतियों को भी शिक्षा माफ करा सकती है॥

व्यक्ति अपनी सुन्दरता व वेशभूषा से नहीं अपने कर्मो से महान बनता है।

बदले हम नहीं, हमारे अपने बदल गये ।
बदल गये जब नजारे, तब देख सितारे भी छुप गये।
बदलते देखा हमने उनको, तो हमारे हजार दिवाने भी बदल गये।।

किसी व्यक्ति की कोई उसके मुँह पर जितनी बढाई करता है, वह पीठ पीछे उतनी ही बुराई करता है।।

व्यक्ति जितना अच्छा काम करता है, उसकी सबसे ज्यादा बुराई खुद अपने ही लोग करते है।।

किसी व्यक्ति की बुराई हजारों काम करने पर नहीं की जाती है, उसकी बुराई तब की जाती है जब वह एक ही कार्य में संलिप्त होकर अपनो को भी भूल जाता है।।

जो अगर तुम्हें आगे बढ़ना है, तो इस बात पर ध्यान मत दो कि लोग तुम्हारी कितनी बुराई कर रहे है ,उस समय इस चीज़ को परखो कि तुममे और उनमे कितना फासला है।।

न तो कोई किसी का मित्र है न कोई किसी का शत्रु
व्यवहार से ही मित्र शत्रु व शत्रु मित्र बनते है।।

अच्छा मित्र वहीं है जो बुराई से भलाई के कार्य में लगता है ,गुप्त बातों को छुपाता है, गुणों को प्रकट करता है, आपत्ति में साथ देता है और समय पर सहायता करता है।।

मुझे बताइए आपके संगी साथी कौन है और में बता दूंगा कि आप कौन है।।

केवल शिक्षा ही पाने से व्यक्ति महान नहीं बन सकता, उस शिक्षा के जाल में बुनने से व्यक्ति महान बनता है।।

एक पंक्षी को अपना घोंसला बनाने के लिए एक एक तिनके के लिए कितना भटकना पड़ता है, तब जाकर उसका अपना घर बन पाता है। ठीक उसी प्रकार एक महान व्यक्ति बनने के लिए शिक्षा के बहुत बड़े दौर से गुजरना पड़ता है।।

असफलता ही सफलता के द्वार खोलती है।

वर्तमान की चुनौतीयो से लड़ना सीखो, भविष्य की चुनौती अपने आप सफलता में बदल जाएंगी।

कल आप क्या करोगे ? इससे अधिक ये महत्व रखता है कि आप आज क्या कर रहे हो ।।

कुछ लोग एक प्रेमिका के पीछे अपनी सारी जिंदगी को तबाह कर देते है। एक बार उस जन्म देने वाली के बारे मे सोचना जिसने तुम्हें प्यार से पाला - पौसा बडा किया है, तब पता चलेगा कि क्या है माँ ?

थोड़ी देर के लिए तुम सब कुछ त्याग देना सारे रिश्तेदार , परिवार, दोस्त, भाई - बहिन आदि ', मुसीबत में सिर्फ आपके साथ आपके माँ बाप के अलावा कोई खड़ा नहीं होगा, चाहे तुम्हारे माँ बाप से तुमने कितना भी गुना किया हो।।

किसी ने यह नही मापा है, कवियों ने भी नहीं कि मानव हृदय में कितना कुछ समा सकता है।।

मोबाइल फोन की आवाज़ सुनने से अच्छा है कि आप स्वयं के अंदर की आवाज़ सुनकर भविष्य को संभाले।।

आपको कहाँ जाना है ये रास्ता नहीं, आप स्वयं तय करते हैं। ठीक उसी प्रकार, आपके जीवन में रास्ते अनेक होंगे लेकिन तुम्हें तुम्हारे लक्ष्य के अनुसार रास्ते का चयन करना है।।

चश्में साफ नही, तुम्हारी नजरें साफ होनी चाहिए तो दुनिया की हर चीज़ साफ नजर आयेगी।

मोह - माया दुनिया एक नज़र में ......

कई लोग अपने लक्ष्य से भटक जाते है क्योंकि उनके मन में संस्य होता है कि मेरे दोस्तों ने जो राह चुनी है, वो राह मेरी राह से बेहतर है।

आप चाहकर भी अपने प्रति लोगों की धारणा को कभी नहीं बदल सकते । इसलिए सुकून से अपनी जिंदगी जीये और खुश रहे ।।

दूसरों की इज्जत करोगे तो इज़्ज़त में मिलेगी वरना सिज्जत से तो लोग सभी चाहते हैं।

आत्मविश्वास जिंदगी की सबसे खूबसूरत सुबह होती है ,जो आपके पूरे दिन को खूबसूरत बनाये रखती है।

रिश्ते रस की धार है, प्रेम कथा ही इनका सार है।
टूटे तो रस्सी बेकार है, जुड़े गांठ पड जात है।।

धोका देने वाला सिर्फ बहाना खोजता है, साथ देने वाला रास्ता।

इस बात से कोई फर्क नहीं पड़ता है कि आप छोटी जगह से है ,छोटे स्कूल से पढ़े है या आपके माँ - बाप की माली हालत क्या है ।अगर आपके सपने बड़े है तो आप जिंदगी में कहीं भी पहुँच सकते है।

आपकी जॉब आपको एक से दूसरे कैरियर मे ले जाएगी पर आपके सपने आपको कहीं भी ले जा सकते है । इसलिए सपने देखे , मेहनत करे और खुद पर विश्वास करे क्योंकि सपने वाकई सच होते है।

बारिश की बूँद भले ही छोटी हो लेकिन उसका लगातार बरसना , बड़ी नदियों का बहाव बन जाता है ....

वैसे ही हमारे छोटे छोटे प्रयास से भी जिंदगी में बड़ा परिवर्तन हो सकता है।।

जिंदगी में तपिश कितनी भी हो कभी हताश मत होना क्योंकि धूप कितनी भी तेज हो समुंदर कभी सूखा नहीं करते।

यदि अंधकार से लडने का संकल्प कोई कर लेता है , तो एक अकेला जुगनू भी सारे अंधकार को हर लेता है।

कल्पना करो ऊंची उड़ान की, तूफान मचा दो दुनिया में , दिखला दो इस दुनिया को कि तुम अभी जिंदा हो।

जीतने वाला ही नही वल्कि कहाँ पर हारना है ये जानने वाला भी महान होता है , जो बदलता है वो आगे बढ़ता है।।

भरोसा खुद पर रखो तो तागत बन जाती है और दूसरो पर रखो तो कमजोरी।

मनुष्य हमेशा सोचता है कि कुछ असंभव है , वास्तव में यह गलत है . हर चीज़ संभव के लिए बनी है।

हमारी सबसे बड़ी कमजोरी हार मान लेना है । सफल होने का सबसे निश्चित तरीका है एक बार और प्रयास करना।

कभी भी वक्त को चैलेन्ज मत करो क्योंकि हो सकता है आज वक्त तुम्हारा है कल नहीं हो ।

चैलेन्ज करो तो सिर्फ अपने आप को क्योंकि तुम तुम्हारे है और तुम्हारे ही रहेंगे।।

जिंदगी एक जंग है, संघर्ष करो।
विना आवाज़ किए मेहनत करो...
विना मेहनत के तख्तों ताज नही बदलते ,
किस्मत वालो के मोहताज नही बदलते।
ये तो खुदा किस्मत का खेल है हाफ़िज ,
लेकिन विना मेहनत के किस्मत के द्वार नहीं बदलते।

जब तुम अपने उद्देश्य की तरफ समर्पित हो जाते हो, तो आस - पास की नकारात्मक बाते तुम्हें नज़र आना बंद हो जाती है।।

जो मैं था वो मैं रहा नही ,
जो मैं हूँ वो किसी को पता नही ।

संघर्षो मे जो पला है,
उसे ही इंसान ने छला है ।
किस्मत से जो लडा है,
उसी का नसीब फला है।
वो ही आगे बढा है!!!

मधुर वाणी एक वरदान है, जो हमें लोकप्रिय बनाती है।
आपकी वाणी आपके व्यक्तित्व का प्रतिबिम्ब है ,उसे अच्छा होना चाहिए।

अपने आप को एक कमरे में बंद कीजिए और फिर अपने अन्दर की गहराईयों को महसूस कीजिए? तब पता चलेगा कि समुन्दरो के अन्दर भी गहरे गड्ढे होते है। उन्हें भरने का काम मिट्टी का ही होता है इसलिए स्वयं की खामियों को अनवरत दूर करते रहे। ।

शिक्षा एक सशस्त्र हथियार है जो मनुष्य को गहरे गड्ढो में से निकालकर गहरी उँचाईयो तक ले जाने की ताकत रखता है।

हमारी जिंदगी भी एक कील की भाँति है, जो सीधा होता है उसे ठोक दिया जाता है और जो टेडा होता है उसे छोड़ दिया जाता है।

जिंदगी में लोग तो बहुत मिलते है लेकिन,
जड़ काटने वाले बहुत कम मिलते है ।

You can't change your future
but you can change your habits
and surely your habits
will change your future

हर एक अच्छी सुबह की शुरुआत अच्छे विचारों से होती है। इसलिए प्रातः अपने मन के भावो को प्राथमिकता दे।

the good better and best luck be not get until if don't hard work. you do hard work, then the best of luck in your life .

उन दीवारों से कह दो कि ......
लोग मतलबी होते जा रहे है अपनी मजबूती त्याग दे।
थोड़ा उन्हें भी एहसास दिला दो जो मतलब से मजबूती को जोडते है।।

जो हाथो से काम करे - मजदूर ,
जो हाथो और दिमाग से काम करे - कारीगर ,
जो हाथ मस्तिष्क व दिल से काम करे - कलाकार !!!

खुद को अगर जिंदा समझते हो तो गलत का विरोध करना सीखो , क्योंकि लहरों के साथ लाशें बहा करती है तैराक नहीं।

* लालू प्रसाद की चार पंक्तियां

जग री भरा अमृत है,
बूँद - बूँद में गंगा पानी
मन में सत्संग जो भजे ,
सीखे गुरू की वाणी।।

सखी लो मगरा भर ले आयी
गागर में सागर की छाँव
उठ मैं निंदिया में बोल पडी़ .....
हिये माँद मणि, दिन चौरस की परियां।
लोक सुनाम घणी, तो मगरा में सागर की छईयां।।
!! इति वाणी ते तथास्तु !!

सफर

भाग 2

लोग कहते है

बाजार से गुज़रा हूँ , पर खरीदार नहीं ।
लोग कहते है पर में वो गुनाहगार नहीं ।।

दिल में उतरा हूँ , पर वो दीवाना नहीं ।
लोग कहते है पर में वो आशिक परवाना नहीं।।

तेरी गली से गुज़रा हूँ , पर वो आवारा नहीं।
लोग कहते है पर में वो नजरों का बहाना नहीं।।

लकड़ी के सहारे चला हूँ , पर वो बेसहारा नहीं ।
लोग कहते है पर में वो पागल दीवाना नहीं ।।

परवाह बहुत करता हूँ , पर वो गुलाम नहीं ।
लोग कहते है पर में वो शहजादा नहीं।।

शेरो शायर करता हूँ , पर वो गुलजार नहीं ।
लोग कहते है पर में वो गुमराही इंसान नहीं ।।

फ़ितरत करता हूँ तेरी, करता कोई मज़ाक नहीं ।
लोग कहते है पर में वो बेशर्म इंसान नहीं ।।

रहता हूँ कहीं तेरी गलियो में, पर वो आशिक नहीं।
लोग कहते है पर में वो प्यार की इमारत नहीं।।
तेरा मेरा साथ हो.

लालू प्रसाद (करौली)

मैं वो पागल आवारा हूँ। ।

हारा मन का हारा हूँ,
मारा तन का मारा हूँ।
फिरता तेरी आशिकी में,
मैं वो पागल आवारा हूँ।।

भोली - भाली आँखों का,
तेरे लब्जो पर फिरता
पानी नहीं, सहारा हूँ।
मैं वो पागल आवारा हूँ।।

चंचल सी काया,
सोने के स्पर्श सी माया ....
तेरे लघु गुणों में, मैं समाया हूँ।
वाणी वृत संजोग में,
लय तार बनकर , मैं आया हूँ ।
मैं वो पागल आवारा हूँ।।

गहरी घटा, घुंघराले बालो की
चोटी पर बनी सुंदर लता।
पर शिव की तरह लाया गंगा सागर हूँ।
कृष्ण के जैसे बना प्यार का बादल हूँ।।
मैं वो इश्क़ नहीं, आशियाना हूँ।
बहती नदियों को मोडने का,
दरिया में बना किनारा हूँ ।
मैं वो पागल आवारा हूँ।।

पागलपन

क्यूँ आज बहा करता है ,
मनमौजी तो मस्त रहा करता है ।

क्यूँ फेर रहा है जर्रे तन पर ,
ये राज नही छुपा करता है।

क्यूँ पागलपन में जीता है ,
मद सुरापान तु करता है ।

क्यूँ देख निगाहें तेरी कहती है ,
खामोशी में नजरें रहती है।

क्यूँ सता रहा तु संस्य मन को ,
मन मौत बना तु रखता है।

क्यूँ कफन बना तु आवारा फिरता है ,
मनमौजी तो मस्त रहा करता है।

क्यूँ अकड़ स्वयं पर करता है ,
जमीन जागी

क्यूँ आज बहा करता है ,
मनमौजी तो मस्त रहा करता है।।

मैं शायर नहीं, इशारा हूँ में

मैं शायर नहीं, इशारा हूँ में
बहती नदियों का किनारा हूँ में।
गुमराही का सहारा हूँ में,
सुनसान गलियो, खिलखिलाती कलियों
मैं फिरता आवारा हूँ में।
मैं शायर नहीं, इशारा हूँ में।।

मैं आग नहीं, अंगारा हूँ में
जलते हुये को और जलाता हूँ में।
पानी से तपन मिटाता हूँ में ,
व्यथित मन, शून्य किरण को
जगाने का इशारा हूँ में,
रगों मे राग अल्पाता हूँ मैं।
मैं शायर नहीं, इशारा हूँ में।।

मैं रात नहीं, अंधेरा हूँ में
चाँदनी को घेरे बैठा हूँ में।
चिमनी से करता उजाला हूँ में ,
बंद कमरे मे , संलिप्त मन मे
सपनो को जगाता हूँ मैं।
मैं शायर नहीं, इशारा हूँ में।।

मैं नदी नहीं, किनारा हूँ में
डुबी कश्ती का सहारा हूँ में।

बहाव बढ़ते ही दरिया बन जाता हूँ में,
बहती हवा, लहराती नदियों के
रास्ते में बना सहारा हूँ में ,
पानी को मंजिल पार कराता हूँ में।
मैं शायर नहीं, इशारा हूँ में।।

प्यार से प्रेम तक

भावुक हो गया मैं फिर भी
शिरकत पे शिरकत करती वो जा रही है
आवाज़ मेरी बुलंद नहीं, फिर भी वो हंसती जा रही है।
मेरा बाबू ,मेरा सोना
ऐसी अन्तर्मन की आवाज़ मेरे रगो में छा रही है।
आवाज़ मेरी बुलंद नहीं, फिर भी वो हंसती जा रही है।

खुद को संभाला नहीं था मैने फिर भी
ले दुपट्टा, आँचल करती वो जा रही है
मरहम मेरे लगी है, दर्द वया करती वो जा रही है।
मेरा सोना, मेरा सजना
दिखा चुनरिया मुझे जगा रही है।
आवाज़ मेरी बुलंद नहीं, फिर भी वो हंसती जा रही है।

ले बाँध गठरी ले चली
साँसो को थमती छोड़ चली
आँचल में छुपाये प्यार, राहो में पड़ा इंतजार
ढलती शाम पे आँचल ढोर चली।
रुका देख अंधकार को, दो दीप सिखा पर जला चली।
मेरा यारा, सबसे प्यारा
लिख राहो पे इंतजार, साँसो पे प्यार का इजहार
चली कर वो बहाना, अब चली
साँसो को थमती छोड़ चली।
आवाज़ मेरी बुलंद नहीं, फिर भी वो हंसती जा रही है।
ऐहसास ऐसा मुझे अब दिला रही है।।

हुआ सवेरा तो मैने देखा . फिर से
ले दुपट्टा, आँचल करती वो आ रही है
थालपोस सजाये, गंगा जल सा अमृत ला रही है
आवाज़ मेरी अब बुलंद है,
पर वो रोती नजर अब आ रही है।

तुम गली मैं दरवाजा

एक सपने ने मुझे झकझोर दिया!
कारण उसका तुम बनी,
चलती दीवारो पर दस्तक आज फिर दिया।
ना बोल सका , ना कुछ कहे सका
बस तेरी बाते बना - बनाकर,
तेरी सूरत आईने पर चढ़ा - चढ़ाकर,
जिद पूरी मेरी मैं करता गया ,
तेरी कमीं मुझे निखरती है ।
सपनो में तस्वीर बनकर,
हकीकत की जिद बना करती है ।
तुझे मैं पा तो नहीं सकता,
पर तेरी यादे कैसे भुलाई जा सकती है।
मैं जहाँ भी हूँ , तुम जहाँ भी हो
भविष्य से लड़ना काम है हमारा,
चुनौतीयाँ बरकरार रहेगी , मुश्किले हजार रहेगी।
मिले कभी हम फिर, समन्दर का बहाव रहेगा
उस कमी को में कैसे दूर करू,
तेरा गाँव मुझे बता देना, खत तेरा मुझे पहुंचा देना!
कन्यादान मैं तेरा करू, ऐसा समय मुझे बता देना !!
बाधक बनू ना मैं तेरे रस्ते में , इसलिए ये करार किया
दूर - दूर रहना ही अब मैने स्वीकार किया।।१।।

पहला पहला प्यार

पहला प्यार बनाने में,
वक्त तो लगता है.....
छोटे जख्मो को भरने में,
वक्त तो लगता है।

कहीं राह में मिली आयेशा
गाँधी पथ तिराहे पे !
वो डिपो वाली गलीयों में
वो हूर जैसी कलियों में!!
नयन - मटक हो चले आयेशा
कल फिर मिलने आते है!
उसी कटला की गलीयों में
फिर रोमांस जमाते है !!

घर अपने मैं चल दिया पर,
होटों पर आयेशा लाली थी !
वो काली रात उसी प्यार की,
लम्बे संघर्षो की कहानी थी!!

मैं जागा.आँखों में तारे
अब पल - पल बनते और बिगड़ते है!
वो रिस्ता गहराईयो का,
जिनमें सपने सजने लगते है!!
उम्मीदों की अलख जगी,
अब वो प्यार समझ में आया है!
नशा शराबी का जैसा,
ना ग़म छिपाना आया है !!

पहला प्यार बनाने में,
वक्त तो लगता है .....
छोटे जख्मो को भरने में,
वक्त तो लगता है।

खामोशी की दीवानी

खामोशी इतिहास में तुझको
गायेंगे, दोहरायेंगे.!!!

हर पल तेरी यादों में
खामोश नशीले पायेंगे !
उठा उजाले के खातो को
अग्नि में तूने जलाया है!
मन्द - मन्द मुस्काती मोहन
बाहर शराबी पाया है !
खामोशी इतिहास में तुझको
गायेंगे, दोहरायेंगे!!!

दहशत सी जगा बैठी अब
मन में कोई काम नहीं!
जब तक अर्द्धनग्न होंठों पर
राधा तेरा नाम नहीं!
मोती जब प्यार के चमके है
तब देख " माँ "को समझ में आया है!
खामोशी की दीवानी पर
प्यार किसी का छाया है !!
खामोशी इतिहास में तुझको
गायेंगे, दोहरायेंगे ..!!

जला कलेजा, कसा शिकंजा
ऊब - ऊब कर खाना खाती है!
रोने को तो मन करता पर
" माँ "की दया लजाती है !

खामोशी की दीवानी पर
प्यार किसी का छाया है!!
खामोशी इतिहास में तुझको
गायेंगे, दोहरायेंगे .!!!

प्यार की दास्तां

प्यार का पहला ख़त लिखने मे बक्त तो लगता है ,
नये परिंदो को उडने में बक्त तो लगता है।

जिस्म की बात नही थी उसके दिल तक जाना था ,
लम्बी दूरी तय करने मे बक्त तो लगता है।

गांठ अगर पड जाये तो फिर रिश्ते हो या डोरी ,
लाख करे कोशिश खुलने में बक्त तो लगता है।

हमने ईलाज ए जख्म ए दिल तो ढूँढ लिया है ,
गहरे जख्मो को भरने में बक्त तो लगता है।

गज़ल में क्या कहू .
तुम्ही सुना दो।
एक प्यार की दास्तान ही सुना दो
लो जी सुनाता हू .....
कम्बक्स जो लुट जाते है प्यार में , दौलत जागीरी छोड़ घरबार में
मिल जाती है एक कमिनी ,भीड़ भरे बाजार में
मिलता कुछ नहीं है इस अंधे प्यार से,
सरेआम लूट ले जाती है कमीनी,धोके और इंतज़ार मे।।

लोग कहते है इश्क़ ना करना
लोग कहते है इश्क़ ना करना
इश्क़ रुदबा होता है।
में कहता हू
इश्क़ तो करना आशिकी मत करना,

थोड़ा जख्म सह ले उससे गद्दारी मत करना।
ये तो जनाब प्यार है,
इश्क़ को कभी मज़ाक मत समझना।। लोग कहते है इश्क़ ना करना